I0519409

M & Jay Designs

SINCE 2021

Toronto, Ontario, Canada

M & Jay Designs

This
Book
Belongs
To

Super
Dog

Super Cat

Super Bird

Super
Fish

super
tiger

Super
SLOTH

super
Shark

super Mole

Super
Panda

Beetle
Super
Beetle

Butterfly

Super
Jackal

Super
cobra

Super
Seahorse

super
Stingray

super
NARWHAL

Super
OWL

Super
Chameleon

super
tiger

Super
Salamander

Super
ant

Super Bison

Super Crow

Super
Alpaca

super goat

Super
turte

Super Lemur

super
Jaguar

super
bat

super
Iguana

Super
skunk
S

super
eagle

super skunk

super
Fox

super
horse

super
bee

Super duck

Super tiger

Super
lion

Super
panther

super
mouse

super crow

Super
Gorilla

Super
Squirrel

super.
rabbit

super
bear

SUPER
LIZARD

Super
Badger

super
boar

Zebra

www.ingramcontent.com/pod-product-compliance
Lightning Source LLC
Chambersburg PA
CBHW081005120626
46546CB00010B/3022
* 9 7 8 1 9 9 8 8 0 9 8 5 1 *